AF316232

UN
HOMME DE TROP.

Il suffit de remarquer quel essaim de mécontens est comme sorti de terre, sur les routes ouvertes par le ministre, depuis les points de départ de Cadix et du nouveau règne; époques fortunées où la race en semblait éteinte. (*Le Ministre*, 1826, page 6.)

PARIS,

A. PIHAN DELAFOREST,

IMPRIMEUR DE M. LE DAUPHIN ET DE LA COUR DE CASSATION, rue des Noyers, n° 37.

1827.

Le Ministre.

Le Fanatisme anti-catholique ;

La Politique Royaliste à l'égard de la Péninsule ;

Des Journaux à l'occasion du projet de loi sur la Presse.

Le Roi ne peut mal faire, le Roi ne peut avoir tort, le Roi ne peut encourir le blâme : tel est le triple sens de l'expression usitée en Angleterre, telle est la base inaltérable de l'opinion anglaise.

Or, cet axiome, établi et consolidé dans ce pays par une nécessité, d'avance sentie et long-temps éprouvée, a été emprunté à l'esprit monarchique de tous les temps, a été saisi dans la conscience éminemment royaliste des Français. Là, c'est un principe consacré; ici, c'était un sentiment spontané. Là, il est commandé par le devoir; ici, il était inspiré par l'amour.

Les résultats se sont montrés semblables des deux bords du détroit. Tandis que, dans la funeste guerre d'Amérique et pendant le cruel refus de l'émancipation, il n'est venu à l'idée de personne d'en vouloir au bon roi Georges; de même, quand Maupeou et Brienne, ministres comme il y en eut tant, comme il y en aura toujours, jusqu'à ce que justice en soit faite, osèrent violer la constitution coutumière du royaume, nul ne s'avisa de rejeter le blâme, de déverser les haines sur la majesté royale.

La majesté royale, si elle n'est infaillible, est impeccable; il semble qu'entre les attributs de la majesté divine, celui-ci lui fut conféré, que nul motif ne tend à la mettre en rivalité avec les intérêts généraux ou privés; et celui-là ne lui fut point accordé, que la connaissance des hommes et des choses appartienne à son être, sans l'aide d'une intelligence étrangère.

La religion du Roi est sujette à être surprise. Le Roi ne peut faire le mal, et le mal peut être fait au nom du Roi; le Roi ne peut vouloir la ruine de l'État pas plus que la chute du trône, et par le fait de ses ministres, le trône et l'État peuvent se perdre.

En un mot, il n'y a pas moyen que le roi voie par ses yeux, entende par ses oreilles, se décide par son jugement. Des organes extérieurs, un organe moral, lui sont comme imposés, sont comme interposés entre la perception des objets et la résolution de la volonté.

Aussi ce fut de tout temps la loi des plus loyaux, des plus fervens sujets, de veiller sur les actes du gouvernement du Roi, de s'élever contre les erreurs et les attentats, de déposer au pied du trône la dénonciation de ses agens intimes.

Vainement des ministres maudits du ciel et de la terre étaient souvent tentés de poser la couronne au-devant de leurs fronts inquiets, de retrancher leur existence chancelante sous les remparts du trône, se disant insolemment, dans la turpitude de leurs complots : Ou le trône nous garantira, ou la couronne tombera avec nous.

De telles manœuvres, devenant d'un si plus hideuses, animaient encore la loyauté, la ferveur.

Pour le pays de France, c'est de l'histoire ancienne. Les ordres, les états, les parlemens, les villes, le clergé même, ont donné constamment les plus nobles exemples de la résistance aux projets impies des ministres. Partout et toujours l'opinion, conciliant et le temps sous le sceau de l'honneur, s'est fait honneur d'éclairer, de prévenir l'autorité royale, de contenir les abus et de procéder mis sous son égide.

Et si la voix lui était enlevée, si elle ne pouvait percer à travers le bourdonnement de l'intrigue, alors l'opinion, réduite à se voir illusoire organe, ne craignait point de se manifester par le murmure populaire; les princes, les rois même, en allant tenir un lit de justice, se sont vus trop souvent accompagnés par un cortège tumultueux, assaillis par des cris de mécontentement.

Il paraîtrait que les maximes monarchiques sont devenues plus rigides qu'autrefois, soit que le sentiment du royalisme ait dû s'exalter par la répugnance contre les nouvelles institutions, qui ont substitué les règles du devoir aux élans de

l'honneur ; soit plutôt qu'il doive être agréable à
des âmes avilies, à des caractères rampans, de se
dispenser sous un motif quelconque, des actes si
souvent périlleux du pur dévouement (1).

Tandis qu'au contraire ces actes sont comman-
dés d'autant plus impérieusement depuis que les
ministres ont cessé d'être auprès de la couronne,
des courtisans, des serviteurs qu'un signe de tête
expulse du conseil, et se sont transformés en des
puissances presque indépendantes, parfois même
despotiques ; tantôt se servant du prétexte de
mettre à couvert leur responsabilité constitution-
nelle ; tantôt se prévalant de l'assentiment des
Chambres, qu'il faudrait dissoudre ou altérer en
les congédiant.

Eh mais ! c'est du sein des orages de l'opinion,
soit qu'ils planent encore ou qu'ils éclatent soudain, soit qu'ils se tiennent dans les hautes régions
où qu'ils frisent la surface du sol, d'où jaillit le
trait de lumière qui découvre aux rois le groupe
de leurs fidèles, qui éclaire les peuples sur le
cœur de leurs rois.

____

(1) Suivant un rapport sans doute peu digne de foi, il se
serait rencontré des gens qui blâment un noble duc de s'être
séparé de ses collègues, et d'avoir tout sacrifié, d'avoir ris-
qué même de déplaire à son maître, dans la vue de sauver
sa conscience, de sauver la monarchie peut-être.

En France plus qu'en aucun autre pays, l'honneur a combattu sans relâche, contre les intrigues renaissantes. Et jamais encore la voix de
l'opinion n'a manqué de pénétrer tôt ou tard en
la conscience royale : voix conservatrice qui s'é-
lève contre des ambitions armées d'argumens
fallacieux, contre des factions voilées de couleurs
décevantes : voix préservatrice qui annonce
qu'en un certain temps, qu'à la première occasion, les vœux encore transmis par ses modestes
accens, enfin exaspérés, désespérés, doivent peut-
être, en dépit de la plus loyale intention, s'exprimer par des mouvemens désordonnés.

Encore la patrie se passerait de l'aide, des conseils de l'opinion : car la patrie ne s'éteint jamais;
et survivant aux plus horribles crises, y puise plutôt une nouvelle vigueur, s'organise sous des
formes rajeunies. Fille du ciel, si l'opinion naquit,
c'est plutôt pour le service de la couronne même
qui n'est que trop sujette à se promener d'une
tête à l'autre, et même à tomber, à être brisée
sous les pieds.

A cet égard, une forte leçon fut donnée, une
loi rigide fut imposée aux royalistes dignes d'un
tel titre, par ce seigneur indien, qui voyant son
maître près de périr sous les coups d'une vague
ennemie, se jette à l'eau, le saisit au corps, le
rapporte inanimé sur la rive ; trop certain que la

peine du sacrilège devait être subie par qui-
conque aurait touché du bout du doigt, la personne sacrée.

Anathème à ceux dont la colère remonte vers le trône ! Qu'ils volent à son secours plutôt; qu'ils s'efforcent à porter la lumière au sein des plus ténébreuses intrigues. Un complot est tramé de longue main, est ourdi avec un art infernal : le Roi est trahi.

On doit reprendre les choses de loin. Un projet sur la presse est mis sur le tapis; projet informe, indigeste, qui atteste le manque de sens, attendu que les moyens agissent à l'encontre des fins; qui dévoile le manque de foi, en ce que le projet tend à obtenir des effets qui ne sont pas avoués.

Le premier ministre y tient fort peu ; seulement deux tentations vagues l'entraînent : l'une, de complaire à un parti exigeant; l'autre, de compromettre un collègue suspect. S'il est rejeté, c'est celui-ci qui en pâtira; s'il est adopté, c'est lui-même qui en profitera.

Cependant, par l'effet d'un sort malin, qui souvent dispose de la volonté des grands et des petits hommes, le ministre est mis face à face dans un des bureaux de la Chambre, avec le plus formidable de ses adversaires : la controverse s'ouvre;

et en argumens, en éloquence, le ministre est né pour avoir le dessous. Il faudra qu'il ait le dessus dans le dépouillement du scrutin; il faudra que la loi passe. Honte et succès se compensent justement dans les calculs de la vanité.

Ainsi le projet sera épousé par le ministre, non sans quelque répugnance, sera défendu avec l'engouement d'un nouveau converti : ce qui n'empêche pas que, mutilé par la Chambre des Députés et évacué en ce triste état vers la Chambre des Pairs, il ne courre grand risque d'y recevoir le coup de grace.

Que fera le ministre? car ici il est seul de sa bande, ne tolérant jamais qu'en fait d'intrigues, personne lui porte aide. A la rigueur, il lui est indifférent de subir une discussion écrasante, puis la substitution d'un projet tout contraire ; le calus est formé à cet égard : entre la Chambre qui veut telle loi et la Chambre qui veut telle autre loi, il est tout simple qu'il ne veuille rien lui-même ; et tout finit là.

Mais ce n'est pas son compte. Le Monarque commence à prendre des soupçons, à perdre confiance. Par ses mérites propres, il n'y a pas moyen de le ramener ; il faut chercher à s'étayer du démérite de ses ennemis; il faut leur susciter l'occasion de devenir coupables.

Delà, le retrait de la loi tombe comme la foudre sur Paris émerveillé; et ne croyez pas qu'il soit promulgué pour la fête de la restauration. Imbécilles que vous êtes, alors toutes les pensées tous les sentimens se seraient confondus; alors la grace émanée du Prince aurait rappelé aux cœurs la grace descendue d'en haut. Un seul cri eût dominé dans la sonore enceinte : Vive le Roi, vive le Français de plus!

Comment souffrir cela ? Le ministre serait perdu, la France serait sauvée. Il convient mieux de troubler les joies en les ajournant; il importe surtout d'attrister la ville le jour de la fête, d'affliger le Roi le lendemain.

Manœuvres trop habiles, au moyen desquelles, Paris, étonné de lui-même, a donné le spectacle des scènes les plus répréhensibles, qui rappelaient les souvenirs de la révolution.

Une peuplade, de plus en plus animée, et agitée entre les affections opposées de l'amour pour le Roi et de la haine pour les ministres, était incapable d'observer quelque retenue, de s'imposer des règles, des limites. Aussitôt qu'il est mis en action, tout ramas d'hommes présente des phénomènes analogues; telles que soient les passions qui l'enflamment, il y a toujours quelque chose de hideux, de sinistre, dans l'expression de ses cris, de ses gestes, de ses mouvemens. On y comptait, on l'avait prévu, on en a tiré parti.

C'est le moment de couronner l'œuvre. Le joyeux avènement de la dynastie, au retour de l'exil, est annuellement consacré par la revue de cette garde nationale, qui lui ouvrit les rangs, lui servit de cortège. La revue avait lieu au Champ de Mars; il en sera autrement cette fois. Les acclamations en plein air offensent les oreilles ministérielles. C'est dans la cour du château, dans le Carrousel, que seront parqués les vingt mille citadins de Paris, armés de pied en cape.

Hélas! pourquoi la plus auguste influence a-t-elle déjoué les ténébreux complots? L'ennemi de la France en a le cœur ulcéré; il enrage, il se vengera.

Or, cette milice bourgeoise, rarement de service, et jamais en exercice, qui connaît à peine ses officiers, ne promet pas de garder l'immobilité de la langue, de réprimer l'explosion d'un vœu profondément senti, et plutôt irrévérent dans la forme qu'irrespectueux quant à l'intention; d'un vœu qu'encourageaient des espoirs légitimes en apparence, et qui, pour le plus grand nombre, s'exprimait par anticipation, à titre d'actions de grâce.

Le ministre le sait, le ministre le veut. Aussi nuls moyens ne sont pris pour amortir l'effervescence des têtes. Il était si simple de défendre à un corps sous les armes, qu'il fût proféré aucun cri, pas même le cri du cœur (1), d'annoncer la punition des contrevenans, d'engager la responsabilité des officiers, de menacer du licenciement les légions imprudentes, d'intéresser l'esprit de corps, de faire un point d'honneur, du silence.

Rien n'est combiné pour prévenir le mal. Et qui sait si des insinuations perfides, si des introductions frauduleuses, n'ont pas été employées pour garantir le mal.

La France n'a plus qu'à gémir. Des cris épars, et rares sans doute, des cris échappés à l'insçu et bientôt étouffés, des cris de trop, ont percé. La dignité devait être offensée, la bonté seule pouvait excuser. Et tout démontre qu'en cette occasion, comme en mille autres, la bonté, premier attribut des Bourbons, allait prévaloir.

Voilà encore le ministre perdu, encore la France sauvée; quelles dures extrémités!

Soudain l'éternel artisan de nos maux, la rage dans l'ame et la ruse sur les lèvres, court se jeter au pied du trône, présentant le licenciement d'une

---

(1) Il paraît certain que c'était l'opinion de l'illustre chef de la garde nationale, auquel le dévouement envers un Roi généreux et l'attachement pour une troupe fidèle devaient en effet inspirer des vues diamétralement opposées aux desseins du ministre.

main et sa démission de l'autre; il peint la bonne ville des plus noires couleurs, il rappelle l'esprit précurseur de la révolution; il émeut, il agite, il effraie, si c'était possible.

Et après les derniers troubles, après ces cris récens, comment un maître pouvait-il céder à l'instant, comment un père, portant le pardon dans sa pensée, pouvait-il décerner le grand prix à l'égarement? il n'y a pas même lieu à option.

Mais pourquoi le ministre ne s'est-il pas borné à exiger, puisqu'il ose exiger, soit la dissolution de quelques légions, soit la recomposition de la garde en totalité, soit la privation du service d'honneur, soit la promulgation d'un ordre du jour en termes sévères, soit la punition exemplaire des instigateurs et des imitateurs; car tout était convenable, sauf ce qui a été fait; tout était accueilli, applaudi, sauf ce qui a été fait.

Ne, le voyez-vous pas? c'est qu'ainsi le Roi et ses peuples se ralliaient plus que jamais, et ne formaient plus qu'un seul être, au sein duquel le mouvement émané du cœur animait le corps entier, et après avoir entretenu la circulation, revenait puiser à la source première de l'impulsion, des forces sans cesse renouvelées.

Sauf un vingtième peut-être de la population dans les sens extrêmes, deux sentimens contrastans de nature et inconciliables dans l'expression, dominent la France : l'amour du Roi, à part des ministres ; la haine des ministres, à part du Roi. Les ministres ne pèsent-ils plus sur l'esprit, il n'y a qu'amour ; le Roi s'éclipse-t-il un instant dans l'esprit, il n'y a que haine.

Lors de son avènement, le Roi apparaît seul ; à peine l'espérance sourit au renvoi des ministres ; la pensée est absorbée à l'aspect de la grace et de la majesté : vive le Roi ! ne fait qu'un cri.

Lors de la revue de 1826, les souvenirs de la plus touchante époque, déja atténués par les mesures ministérielles, sont exprimés sinon avec chaleur, du moins avec décence,

Mais s'il a fallu cent années de faiblesse et de désordre, pour mener à terme la révolution, et seulement un an d'arbitraire pour la mettre au jour ; de même après les premiers temps du ministère actuel, qui équivalent bien aux cent années, l'an 1827 remplace 1787.

Telle était la phase où entrait l'opinion publique et sous laquelle s'est passée cette morne revue de la garde royale, lorsque le retrait de la loi sur la presse, après tant de résistance de la part des conseillers de la couronne, lorsque le choix du Champ de Mars au lieu du Carousel, en dépit de leur répugnance trop manifeste, vinrent porter les plus flatteurs présages.

Aussitôt les imaginations déchargées du cauchemar de la haine contre les ministres, ne rêvent plus qu'amour pour le Roi : on voit la garde nationale se recruter d'un grand nombre de volontaires, se mettre en peine et en dépense pour paraître dignement aux regards de son ancien colonel-général ; jamais, peut-être, autant de zèle et de joie, autant d'amour et de foi, autant de respect et de retenue, n'est accouru à l'appel du Monarque ; jamais une telle salve d'acclamations n'a frappé les airs sur son passage.

Le Champ de Mars, si souvent souillé par les scènes les plus hideuses, présentait deux bonheurs conjoints, consacrait deux bonheurs mutuels, celui du Roi, celui de Paris, auquel rien ne manquait, si cet homme qui s'entremet toujours entre le père et les enfans, qui seul dans la balance du sort tient encore contre le poids de tout un peuple, eût disparu la veille.

Toutefois, quelle position fausse ! Il y a confiance, presque conviction; et il n'y a pas certitude : les vœux sont animés par l'attente, et ne sont pas calmés par le succès. Comment les refréner? Suivant que l'espoir ou la crainte se balancent dans les esprits, leur expansion portera les caractères tantôt de l'action de grace, pour une faveur qui est comme obtenue, tantôt de la supplique dont l'accent semble prêt à être exaucé.

Il n'y a pas moyen de scinder, d'isoler les affections de l'ame chez une nation légère, dans une masse agitée : l'expression du sentiment entraîne après elle l'expression des motifs qui l'inspirent; le cri de vive le Roi est accompagné d'un autre cri qui par malheur se rend en français d'une manière ignoble.

Encore ce cri grossier ne part qu'à la queue du cheval du Roi, et ne s'élève d'abord que d'un seul point : fatalement prédestiné, par l'effet du caractère national, à être répété de proche en proche, à susciter des cris plus coupables, à tourner enfin en une rumeur scandaleuse, justement à la hauteur de ce char placé trop en arrière du Roi, auprès duquel devaient au contraire s'éteindre tous témoignages qui ne fussent pas du plus pur respect, du plus loyal amour.

Encore ce cri, et surtout ces derniers cris se font entendre à peine, ou même ne sont point du tout entendus dans les trois quarts des légions; et parmi les rangs les plus turbulens, s'ils affectent violemment l'oreille, s'ils lui semblent presque universels, c'est parce que cet organe, étourdi par le bruit, ne sait point apprécier le nombre des voix.

Et comment ne se rappelle-t-on pas les cohues qui servoient de cortège lors des lits de justice ? Que n'écoute-t-on retentir autour du roi d'Espagne ces cris forcenés : Mort aux nègres ! Dehors les Français? Que ne voit-on à Londres les pierres lancées dans les fenêtres, dans les glaces du carrosse des ministres, des princes, du roi même?

Vous refoulez la France sur Paris, vous réduisez le peuple à la misère, vous mettez le feu au tête, et cela fait : silence, bonnes gens; silence, malheureux; silence, scélérats, leur dites-vous. Avec des ministres qui se comportent ainsi, nos forêts manqueront bientôt à la fourniture des potences.

Mais la garde nationale est un corps militaire.

Alors soumettez-la à la discipline, entretenez-la en exercice, établissez la subordination, apprenez-lui enfin ce qu'elle est; car cela ne lui a pas été encore enseigné.

Alors instituez des conseils de guerre, ordonnez une enquête, faites comparaître les prévenus, acquittez ceux-ci et condamnez ceux-là, distri-

buez les punitions du piquet, du boulet, de la tête
cassée.

Ou, s'il vous plaît mieux, licenciez telle ou telle
légion, toutes les légions même, et reformez-les,
réorganisez-les.

Il n'en sera rien. Une légion de la garde, réduite à moitié et ayant rompu les rangs, n'a-t-
elle pas commis un forfait bien autrement con-
damnable? n'a-t-elle pas lancé contre certaines
croisées une triple bordée d'imprécations, comme
agissant au lieu et place, et se portant fort d'une
population unanime? Il faudra que la population
subisse la peine encourue par ses prête-noms.
Sully pardonnait, Mazarin se vengeait.

Il n'en sera rien; tellement que le 30 avril, à
la pointe de l'aurore, au réveil de la plus douce
nuit, un triste colloque court les rues, trouble
les boutiques, monte d'étage en étage.

« L'accent du cœur a salué le Roi.—Vous êtes
licenciés.—Le Roi a répondu par un sourire :
—Vous êtes licenciés.—Un père était rendu à ses
enfans.—Vous êtes licenciés.—Les enfans se pres-
saient autour de leur père.—Vous êtes licenciés.

« Il est trop vrai, des cris plutôt indécens que
criminels ont percé de loin en loin et se sont animés là même où ils devaient expirer. Mais comment ont-ils été entendus au milieu d'un concert
de bénédictions ! Mais est-ce que le repentir n'a

pu les effacer? Est-ce que nos douleurs n'ont pas
dû les expier?

. « Grand Dieu ! quand les cataractes du ciel
s'ouvrirent, quand une pluie de feu dévora So-
dome et Gomore, tes regards n'y rencontraient
plus qu'une seule famille de justes. »

Ainsi parle l'opinion, et puis succède le silence :
noble silence qui couronne le triomphe si légi-
time du meilleur des rois, en attestant quelle foi
lui est gardée, quels espoirs sont inspirés par lui,
et qui commence le supplice des ministres en dé-
robant tout prétexte à leurs complots, en don-
nant au pouvoir déhonté la leçon vengeresse de
l'honneur résigné :

Morne silence à l'abri duquel se réfugient des
sentimens à la fois impatiens et épouvantés de
s'exprimer en toute liberté ; à l'ombre duquel, s'il
faut éclairer la crise présente du flambeau étin-
celant de l'avenir, s'ouvre et s'aplanit peut-être
ce terrible passage qui ne manque jamais d'être
franchi tôt ou tard ; le passage de l'expansion des
tristes et plaintives affections, à l'explosion des
passions de la sorte la plus opposée.

Le pouvoir se mutine envain, il lui faut s'assouplir, s'accommoder aux lois de la nécessité.

La société n'a de vie que par l'action, par le concours des volontés : c'est un troupeau de bêtes brutes lorsqu'elles restent dans l'inertie, de bêtes féroces lorsqu'elles entrent en hostilité.

Or, les volontés qui ne sont point entraînées à l'insçu du jugement, par le mouvement machinal des habitudes, doivent être déterminées par l'opinion, soit qu'elle provienne de l'autorité réligieuse, soit qu'elle se forme par l'exercice de la raison humaine ; ou commandées par la force, soit qu'elle s'exerce par des actes de violence, soit qu'elle agisse à l'aide de la crainte.

Dans l'état actuel des choses, on ne peut plus s'appuyer ni sur l'effet des habitudes, ni sur l'autorité réligieuse ; dans nul état de choses, on ne doit se reposer, sur l'emploi immédiat et matériel de la force, dont les frais sont énormes, dont les risques sont infinis.

Et la sorte de stratagême par lequel la force,

en se montrant, en menaçant seulement, apporte le secours de la crainte, ne présente qu'un nouveau mode d'influencer l'opinion.

On a beau dire et beau faire, tout gouvernement est contraint pour obtenir l'action et le concours des volontés, à agir sur l'opinion, à travailler l'opinion, au moyen de la raison ou de la crainte.

L'Angleterre s'est astreinte depuis cent cinquante ans à suivre la première voie ou plutôt y a été réduite, après avoir fait pendant deux règnes l'épreuve funeste de la seconde : en France, il semble qu'on n'est nullement éclairé, ni par la dure leçon qui fut subie en ce pays, ni par les brillans et solides succès qui furent obtenus ensuite.

Le pouvoir ministériel prétend envahir et subjuguer l'opinion, par la crainte, au lieu de la conquérir, de se l'approprier par la raison. C'est une méthode comme toute autre; en fait de gouvernement, chaque méthode possède des avantages et rencontre des apologistes; sauf cependant qu'elle soit impraticable.

Une méthode est impraticable, quand les moyens n'aboutissent pas aux fins, quand les efforts éloignent au lieu d'approcher du but.

Tels sont les caractè[illegible] manifestent dans le système du min[illegible] que pas, chaque jour exagère et [illegible]ltés, et qui deviennent encore plus frappans à l'égard de la mesure du licenciement.

Le ministre a voulu imprimer le respect et la crainte, deux sentimens qui s'allient moins facilement, en des cœurs français, en des têtes françaises, que le respect et l'amour. Peut-être aux temps passés, la manœuvre aurait été efficace; une race presque vierge d'intelligence, encore ignorante de sa force, comme dans la première enfance, se laisse frapper par la crainte, et delà est amenée au respect, à l'amour même : la brutalité de l'esprit ou du cœur provoque la rigueur des mesures.

Mais quand une nation s'est émancipée elle-même, quand elle a essuyé des crises terribles, quand elle a été secouée et remuée par la rotation des phases les plus contrastantes, qu'on n'aspire plus à la gouverner par la crainte : pour lui imposer un tel joug, il faudrait un déploiement de forces, dont la mise dehors serait suffisante pour contraindre les volontés, sans qu'il fût besoin d'agir sur l'opinion.

Dans ces circonstances, il y aurait plutôt moyen d'inspirer l'amour, de conduire par cette voie au respect, à la crainte filiale : et si l'œuvre est difficile à accomplir, si elle requiert des soins délicats et soutenus, comme son succès est à la fois possible et désirable; à tout prix, l'essai devrait en être tenté.

Comment aurait-on imprimé la crainte ? l'opération (pour se servir du mot plein de grâce et de charme qu'a répété deux fois le ministre de l'a-propos) s'est bornée à mitrailler l'opinion avec de la cendrée : on irrite ainsi bien loin d'écraser; on révolte au lieu de dompter : l'honneur est blessé au vif; et l'honneur prend feu, ne prend pas peur.

Un coup mal assèné, un trait lancé au hasard, qui ouvrent la scène et en même-temps complètent le dénouement, portent une toute autre impression que celle de la crainte. Du sublime au ridicule, il n'y a qu'un pas ; ainsi parle celui qui se tint si long-temps, non sans l'appui du crime, au faîte des grandeurs, à ceux qui, sortis des bas fonds de la médiocrité, ont gravi, à force de ruses, la côte périlleuse du pouvoir.

Ne semblerait-il pas que le génie antipode de nos destinées, reculant de trente ans, de trois mille lieues en arrière, se croit encore le gérant de quelques cases de nègres, et ne se fait pas à être le régulateur d'un peuple civilisé ?

Comment aurait-on imprimé le respect? Ce sentiment ne sera jamais inoculé par un pareil opérateur : ce sentiment se forme, se fortifie par le libre et plein exercice de l'opinion. En général, le temps concourt à l'œuvre ; lorsqu'un coup d'État s'ingère à de menacer sa marche, il doit être

motivé, il doit paraître obligé : le jugement inter-
vient donc, et tout jugement est fondé sur le rapport des sens, est dicté par le cri de la conscience.

Il fallait être au champ de Mars. Ce peuple immense qui couvrait les talus et qui n'a pas été encore mis en cause pour le cri unanime de vive
le Roi, s'émerveillait de la superbe tenue, de
l'ordre admirable, de l'accord harmonieux dont
le spectacle lui fut donné pour la première, pour
la dernière fois, ce semble : et ces légions au sujet
desquelles César s'écriera peut-être un jour : *Va-
rus, qu'as-tu fait de mes légions*, gardant leurs
rangs, fixant le regard et élevant la voix devers
la couronne, ne s'étaient pas même doutés qu'au
sein de quelques-unes, des accens discordans se
fussent fait entendre.

La foule, la garde rentraient joyeuses dans
leurs foyers, se félicitaient en famille, goûtaient
les douceurs du repos, lorsque tout à coup, ainsi
que part la foudre d'un nuage isolé dans les airs,
viennent se répandre le bruit confus, la vague
rumeur du licenciement.

On ne peut le croire. Hier soir et ce matin
même, les journaux semi-officiels ont rendu
le compte le plus brillant de la revue.

« Les cris de vive le Roi retentissent encore à
notre oreille ; jamais pareille multitude n'avait
été animée de transports plus vifs et plus una-

nimes.... Partout s'est fait entendre le cri du 12 avril 1814 et du 27 septembre 1824. Des transports unanimes ont accueilli la personne du Monarque; c'était une fête de famille.... Ce spectacle de l'union entre tous les citoyens, la santé du Monarque qui lui donne la force de supporter sans fatigue nos transports d'amour et de joie, tout semblait concourir à cette solennité....

« Les cris de vive le Roi! vive Monsieur le Dauphin ! vivent les Bourbons ! n'ont pas cessé de se faire entendre. Le Roi est rentré précédé de cette garde fidèle qui marchait aussi devant lui le 12 avril, et qui annonçait le précurseur de Louis XVIII par ces cris de vive le Roi! qui seuls peuvent fermer à jamais l'abîme des révolutions.» (*Étoile du 50 avril.*)

Il faut quelque temps avant de rencontrer le secret d'une telle anomalie, avant de démêler les fils de cette trame artificieuse : en laissant passer la revue, en faisant exalter la garde, le ministre n'avait pas d'autre dessein que de rendre la mesure du licenciement plus poignante, que de marquer plus fortement sa prééminence dans les conseils.

Mais la plus mesquine stature, d'autant qu'elle se hisse sur les échasses de l'arbitraire, semble se rapetisser encore. Le ministre a cru faire de la terreur, et n'a fait que de la stupeur. Paris, la

France ont été saisis, affectés, anéantis, tellement que le debarquement de l'île d'Elbe et l'achemi-nement vers les Tuileries peuvent seuls en donner quelque idée.

Vous avez frappé la France au cœur, s'est écrié un de ces loyaux et généreux députés, dont les yeux d'abord fascinés ont été dessilés enfin, et qui se font une gloire de reconnaître leur erreur, un devoir de la réparer.

Et dans les provinces, les faits sont réfléchis par un miroir qui grossit à raison des distances, qui chaque jour se charge des plus noires couleurs. Dans les provinces, un libéralisme brutal qu'enfante l'ignorance et qu'entretient l'envie, domine. Dans les provinces, l'ascendant tutélaire de la famille royale n'agit pas.

Toutes les gardes nationales sont comme associées par l'esprit de corps, par un sentiment d'honneur : le coup porté sur un point est répercuté dans toute la sphère. Déja on refuse le service, on se licencie de plein gré ; et l'autorité locale incertaine, inquiète, doit supporter tout : c'est l'anarchie.

Il ne faut pas parler des élections : l'État devenu de si faible complexion serait emporté par une telle crise de fièvre. Il n'y aura pas d'élections : au terme fatal, les vrais royalistes s'y opposeraient eux-mêmes et tenteraient la ressource désespérée, de proroger la Chambre de sept en sept ans, jusqu'à la fin des siècles. Ceux-là qui ont lutté avec tant d'énergie contre l'invasion du mal, maintenant repousseraient de toute leur puissance l'emploi d'un spécifique si propre à hâter la catastrophe.

Toutefois ce n'est pas dans l'exaspération des esprits, ni même dans la désaffection des cœurs, que réside le désastre capital. Le cours des faits, la leçon du temps, les suites de l'erreur ramènent la réflexion et ralentissent le mouvement. Le siècle marche, on ne peut le nier ; mais s'il saute, s'il s'emporte, le siècle se tue lui-même. Et quant à l'amour pour le monarque, c'est comme un feu inextinguible, par fois prêt à expirer en apparence, et tout à coup revenant à la vie. S'il s'éclipse un instant derrière les sombres nuages de haine contre les ministres, aussitôt qu'un souffle les chassera de l'horizon, jamais encore il n'aura resplendi d'un plus vif éclat aux regards longtemps affligés.

L'ébranlement, l'anéantissement de toute religion, voilà le désastre. La religion, la légitimité, ces deux sœurs émanées du ciel, sont vouées à la même destinée. C'est à l'abri du trône que refleurit l'autel, c'est à l'aide de l'autel que se consolide le trône. Tel est l'ordre naturel.

Cependant, poussés par un démon, les ministres

ont pris pour système, tantôt d'user de la religion comme d'un outil, tantôt d'agir sous le prétexte de la religion; en sorte que l'animadversion, excitée par tant de fausses mesures, se partage presque également entre elle et eux.

« Contre qui s'élèvent les reproches, s'apprêtent les vengeances? contre la religion! La ruse se couvre de son manteau et la laisse dépouillée, nue, en butte aux outrages. » *Des Journaux, etc.,* 18 février.)

Tel fut le pronostic, malheureusement trop exact, du fâcheux paroxisme qui s'est développé au Champ de Mars.

Le cri *à bas les ministres!* qu'une espérance encore vive mariait pour ainsi dire au cri de l'amour, a bientôt dégénéré en expression de haine pure contre eux, et dès lors appelait, amenait à sa suite, les cris contre le clergé, contre le culte. Dans les imaginations, la cause est commune, l'arrêt est semblable.

Voyez même comment la haine, après avoir été ainsi excitée, impatiente, ce semble, de s'assouvir plus largement, laisse de côté et met presque au rebut le frêle aliment qui lui est offert par les ministres, pour se jeter avec une fureur redoublée sur la proie plus consistante que lui présente la religion.

Voyez comment les têtes les plus fortes, les

plus saines jusqu'à cette heure, au lieu de con-
centrer les reproches sur les personnes en place,
déversent le soupçon et le blâme sur la chose re-
ligieuse, se persuadant follement qu'une impulsion forcée est donnée aux personnes par la chose,
que les ministres sont les instrumens du clergé,
tandis que le clergé est leur jouet.

Maintenant le renvoi des ministres est une
question secondaire, selon beaucoup de gens. On
est toujours à temps d'appliquer un tel remède, et
ce remède n'arrêterait point le cours du mal, car
leurs successeurs seraient également maîtrisés. Il
faut extirper le mal dans son principe, il faut
écraser la religion ou du moins l'affaiblir, l'en-
chaîner.

Nous entrons dans cette route, et nous mar-
chons à grands pas vers l'abîme. Les ministres y
poussent de plus en plus par chacun de leurs actes, et ils sont bien éloignés de retenir sur la pente
glissante, de remettre dans la droite voie ; c'est
justement leur compte que l'opinion soit ainsi
fourvoyée.

Or, il ne s'agit pas ici d'un sujet sur lequel
puisse s'exercer ni la crainte, ni même la force.
Dans la sphère des idées abstraites et isolées de
tout contact matériel, l'opinion règne sans con-
trôle, commande à part de toute influence. On
ne fait pas de la religion.

Pour ceux qui voient dans la religion, autre chose qu'une thèse à soutenir avec des phrases oratoires, autre chose qu'une arme pour défendre et servir des projets ambitieux, les temps sont venus de remarquer comme elle est déchue des espérances les plus légitimes, et menace de devenir en horreur, sous l'influence du système actuel.

Mais si, à cet égard, la mesure du licenciement, ayant été prise à la suite de tant d'actes analogues, a dû porter la haine aux dernières extrémités, de même, sous le rapport de la politique, l'effet de cette mesure a couronné l'effet antérieur de ces actes

Apparemment que le ministre dirigeant, après avoir abandonné la France au ridicule et à la risée, tourmenté par une ambition progressive, n'aspire plus qu'à la livrer au dédain, au mépris.

Déja l'étranger jugeait trop bien, qu'un Etat où le pouvoir et l'opinion sont aux prises, où les forces légales et les forces morales se font la guerre, n'est plus qu'un squelette tremblant, qui tient encore quand il ne bouge, qui s'il se meut, perd l'aplomb et tombe à plat.

La politique du ministre a été blâmée, souvent à tort, quant aux motifs de sa volonté, toujours à tort quant à ses moyens de puissance. La nécessité est impitoyable, dans l'exigence des concessions ; quand le pouvoir manque, le vouloir ne sert point : son seul crime était d'avoir énervé l'Etat ; les conséquences devenaient inévitables.

C'est bien pis à cette heure. Ou Paris, représenté par l'élite de ses notables, était hostile envers la dynastie ; ou le ministre, par esprit de vengeance, a aliéné Paris contre la dynastie. L'étranger doit choisir entre ces deux termes, dont la conclusion est la même : il n'y a plus de France.

Qu'on s'amuse encore à tramer des négociations, à lancer des notes diplomatiques, à simuler des menaces, à manœuvrer des régimens, même à ouvrir la campagne ! l'étranger en rira : « Que veulent ces gens ? Ils ne vivent pas en paix au logis, et prétendent faire la loi au dehors. Laissons-les agir ; qu'ils arment donc, qu'ils marchent en avant : la révolte est sur les derrières. »

Quelle position ! et quelles circonstances !

A peine faut-il parler des Turcs ; cette espèce n'entend pas raison ; le canon va intervenir. Du moins pour la France, le seul risque est de n'y rien gagner.

A peine faut-il parler de cet esprit d'insurrection, qui survit toujours aux révolutions, et qu'un coup du sort peut enflammer soudain , ici où là, partout peut-être. Cela affligerait d'y croire ; il est plus doux de s'étourdir. Cependant, pour la France, il y a le risque de tout perdre.

Mais l'état de la Péninsule frappe les sens, trouble le repos, menace d'un affreux réveil. Sur ce théâtre, se prépare la représentation à main armée, des débats qui n'ont lieu encore en France qu'à coups de langue. Seulement les partis y sont plus bastans; la crise y sera plus prolongée, plus animée. La Péninsule est dévouée à des furies également ardentes, constamment intraitables, le fanatisme absolutiste et le fanatisme révolutionnaire.

Le choc sera terrible, le contre-coup périlleux. De quelque bord que s'élèvent les chants de triomphe, en France, l'écho, leur répondra dans un lieu ou dans l'autre. Là les périls de la lutte auront poussé la victoire aux excès ; ici l'ennemi intérieur augmente chaque jour en nombre, en force, en espoir. C'est en 1827, plutôt qu'en 1823, qu'il y aurait lieu à prendre peur.

Le parti le plus sage est de n'y pas songer, puisqu'on est hors d'état d'arrêter le mouvement, de suspendre le coup seulement.

Et comment serait-il possible, en semant la discorde dans l'intérieur, d'établir l'accord chez l'étranger; comment serait-il possible de concourir à l'organisation de deux peuples, déchirés par l'anarchie, après que le génie s'est épuisé à désorganiser un pays où l'ordre social était établi sur les bases de l'amour pour le trône, du respect pour les lois.

Paris est le cœur de la France : c'est dans ce centre que naît le sentiment, c'est de ce point que part le mouvement, qui l'un et l'autre vont se propager jusqu'aux extrémités du royaume. La France garde le calme, se met en mouvement, à l'instigation de la capitale.

Or, le repos de Paris était remis en garde à l'élite des existences notables, autour desquelles se classent et se rangent toutes les familles laborieuses; à cette élite affiliée avec le peuple, honorée par le peuple, distinguée parmi le peuple, qui remplissait en quelque sorte dans la cité les fonctions dévolues à la noblesse dans l'État, de lier les matériaux de l'édifice politique, de former une hiérarchie tutélaire depuis le Monarque jusqu'au dernier de ses sujets.

Maintenant ayez des guerres, des émeutes, des fêtes seulement : en place de la police amicale si merveilleusement faite par la garde nationale, vous ne verrez plus entre la populace et la troupe soldée que méfiance et haine d'une part, que moquerie et dureté de l'autre : dispositions effrayantes auxquelles l'occasion ne manquera pas long-temps pour tourner aux voies de fait, à l'effusion du sang.

Est-ce une trame odieuse? N'est-ce qu'une

grave imprudence? Les corps sont toujours en rivalité; les armes ont toujours des prétentions; la
troupe se prévaudra, se glorifiera du licenciement de la garde, alors confondue avec le peuple.
Ici, couve la colère; là, s'accroît le mépris : c'est
le taureau, c'est le lion échauffés, excités par
leurs gardiens; si la porte s'ouvre, s'ils sont lâchés
dans la lice, l'un ou l'autre doit succomber.

Et que faut-il? Une apparence de troubles, une
scène de foule, un embarras de rues?

En ce jour du 29 avril, qui fut fête jusqu'au
lendemain, l'ordre a régné parmi une foule impatiente. Il n'y avait ni gendarmes ni soldats : autrement, c'était une cohue.

Mais les têtes humaines sont irrévocablement
vouées à passer du blanc au noir, à varier du jour
au lendemain, sans savoir pourquoi.

Le temps n'est pas si loin encore, où les gardes
nationales de France avaient l'honneur d'être sous
les ordres de notre Monarque actuel. Alors,
comme à présent, il existait des ministres qui, violemment inquiets de leur propre sort, se persua-
daient ou prétendaient que la monarchie était
en péril : il fallait couper le mal dans sa racine; il
n'y avait pas un moment à perdre; et, comme on
ne pouvait montrer au doigt le lieu où gisait le
péril, en frappant au hasard, il fallait frapper
fort, en manière de compensation.

Quand les gardes nationales se virent enlever leur colonel-général, a-t-on perdu la mémoire des cris d'imprécations, de malédictions qui furent lancés contre le ministère : « C'était compromettre l'État, c'était outrager le Prince, c'était affliger, irriter ces braves gens qui marchèrent au devant de la restauration, qui garantissaient le maintien de la paix publique, qui n'avaient jamais failli à remplir leur glorieuse tâche. »

Eh ! qu'est-ce donc qui est changé depuis ce temps ? Pour les cœurs, le Roi n'est-il pas toujours *Monsieur* ? Dans les esprits, les maximes d'ordre et de règle ne sont-elles pas les mêmes ? La revue a parlé assez haut ; lisez le rapport de *l'Étoile*.

Vaines paroles, discours superflus. On ne veut pas voir, ou l'on ne sait pas voir. La folle exaltation, la cupidité déloyale, la pusillanimité honteuse, tout étonnées, tout effrayées qu'elles sont qu'un 30 avril ait succédé au 29, ont brusquement changé de ton et se sont mises à l'unisson de l'ordre du jour, couvrant de leurs clameurs confuses, les modestes accens de la conscience, du bon sens.

Un coup d'autorité, fût-il puéril dans ses motifs, semble annoncer du caractère; et ceux-ci sourient à la douce attente d'une conduite plus ferme, plus soutenue; ceux-là, dominés par l'espérance ou par la crainte, se jettent dans les voies nouvelles qui doivent s'ouvrir.

Ecoutez les courtisans, espèce changeant de forme et de couleur, dont les trois quarts peut-être, tant de l'ancien que du nouveau régime, se tenant au pair en esprit de bassesse, adoraient l'idole triomphante et allaient revenir à ses autels au moment où la foudre les a consumés; ces gens qui ont trahi ou qui trahiraient à l'occasion par des actes formels, qui trahissent chaque jour avec des phrases perfides , ne parlent que de forfaits, de périls, et se récrient seulement contre l'indulgence de la mesure.

Ecoutez les affidés, les habitués du ministère, genre parasite qui pullule et se repaît sur les branches gourmandes du pouvoir : saisis d'épouvante, ils étaient prêts à battre en retraite, à mendier un refuge sous quelque autre bannière. Est-ce du ciel, est-ce de l'enfer que tombe cette faveur inespérée ? Leur patron reprend courage et leur rend courage ; la veille de la ruine est suivie du jour de gloire. Il faut tirer parti de ce retour de fortune ; il faut se débarrasser à jamais de l'opposition ennemie.

Que dire des uns et des autres ? Ils font leur métier : c'est le même rôle qu'ils ont toujours joué sur la scène du monde ; c'est le même dénouement qu'ils amènent dans tous les drames politiques. La chute des monarques, la perte des ministres doivent couronner leur œuvre ; et cependant les Monarques, les ministres, que l'histoire n'instruit pas, se laissent éblouir, étourdir.

A la suite de ces bandes, se présentent les vétérans du royalisme, race noble de cœur autant que pauvre d'esprit. Pour ces *demeurans d'un autre âge*, dont la vue commence à s'affaiblir, la majesté ne se représente que couronnée d'éclairs, qu'armée de la foudre; les tables de la loi auraient été rejetées, si elles n'étaient descendues sur le mont Sinaï, parmi les éclats du tonnerre. C'est vers la loi de rigueur que doivent rétrograder les temps ouverts sous la loi d'amour.

Vainement la naïveté qui se promène sur le bord des lèvres, a forcé cette fois le passage. « Eh, grand Dieu ! qui pourrait contester qu'en effet cet acte n'a été l'œuvre que d'un petit nombre d'hommes, et d'hommes égarés sans aucun doute. » (*Étoile.*)

Le ministre se condamne lui-même ; on ne l'écoute pas. Abstraction faite des faits, la mesure est irrévocablement jugée, justifiée.

Quelque impression décevante, quelque narration frauduleuse ont pris les devants, ont mis les esprits au courant. C'est affaire réglée : on n'en finirait jamais s'il fallait, avant d'appliquer la peine, scrupuleusement rechercher quel est le crime, où fut le crime, qui fit le crime.

Tout s'est confondu dans la mémoire; le nom passe pour la chose, et l'habit est pris pour l'homme.

Cette garde nationale de 1790, qu'enivrait la passion de la liberté, cette garde anti-nationale de 1793, qui fut élue et épurée parmi la canaille révolutionnaire, ne font qu'une, avec la garde nationale organisée sous l'empire par la décence et

la défiance, avec la garde nationale enorgueil-
lie à la restauration de posséder notre Roi lui-
même pour colonel-général.

Qu'importe, au reste. On ne cherche plus, on
se refuse même à prendre une opinion de son cru :
Il est fatigant de se creuser la tête ; une autre
méthode prévaut. On va fouiller dans les journaux
libéraux ; on adopte sans examen préalable, le
contrepied de leur thèse, ne s'apercevant pas que
ce parti trop habile, affecte souvent une manière
de voir, dans l'intention de fourvoyer ses adversaires.

« Si les libéraux enragent, tenons-nous en joie ;
s'ils tremblent, goûtons le repos ; s'ils haïssent le
ministre, adorons-le : s'ils blâment tout, louons
tout. » Voilà la logique.

Or, la chose est vraie. Une mémorable leçon
d'où part un trait de lumière, pour ceux dont l'œil
n'est pas couvert d'une taie, tandis que les esprits
louches sont d'autant plus confirmés dans leurs
sinistres rêves, est donnée par les libéraux.

A défaut du sentiment qui inspire les royalistes,
le bon sens les éclaire, les guide au même terme.
Ce n'est pas qu'ils craignent autrement que la dynastie soit renversée, que le clergé soit persécuté
et la noblesse baffouée : seulement ils sont pru-
dens et par conséquent patiens ; c'est sur le temps
qu'ils se reposent pour leur triomphe ; c'est par

l'action morale de l'opinion, et non par la lutte des forces physiques qu'ils entendent vaincre.

Faut-il le dire : dans ces jours où tant de fidèles aveuglés, tant de serviteurs trompés travaillent contre le trône, il se trouve que des ennemis, des indifférens au moins, s'élèvent contre les funestes projets.

Les libéraux sont eux-mêmes épouvantés, en voyant comment un ministre, qui ne peut plus se sauver que par les voies les plus avantureuses, après avoir amassé tant de matières combustibles, n'aspire ce semble qu'à faire jaillir la fatale étincelle. Ils tremblent que dans l'explosion subite, le trône, noyau de la civilisation, soit violemment brisé et éclate en mille morceaux.

Ils tremblent que l'effervescence propagée de rang en rang et descendue dans les dernières classes, ainsi qu'aux temps de la révolution, rompe enfin des digues mal rassises, et se répandant comme un torrent, détruise tout sur son passage, entraîne les prééminences de lumière et de fortune, nivelle le sol de la société.

Présages terribles, épouvantables augures! Du moins, ils portent un juste sens aux royalistes vierges, à ceux-là qui n'ont pas soumis leur foi par un pacte indélébile, qui n'ont pas échangé les titres du vieil honneur contre quelques mandats de caisse. Le dévouement qui s'attend aux palmes du martyre, la sagacité qui s'exerce autrement qu'à travers le prisme du pouvoir, voient et parlent : ils montrent, ici, la couronne voilée aux regards des peuples et méconnue par les cœurs, soupçonnée dans les esprits ; là, une masse immense et informe, insensée et impétueuse, toujours prête à remuer, à bouleverser.

Le ministre seul reste impassible, imperturbable. Il faut entendre comment il s'explique avec lui-même, s'excuse envers lui-même; car on sent bien que ce n'est pas pour une Chambre trop dévouée, pour une France trop éclairée, que de telles paroles prennent la peine de courir les unes après les autres.

« J'aurais pu craindre une pareille accusation, si je n'avais pas conseillé cette mesure : j'aurais pu redouter cette accusation, si je n'avais pas conseillé la mesure : mais je ne redouterai jamais l'accusation pour avoir conseillé une mesure commandée par l'intérêt du pays.

« Dans le cas où cette mesure n'eût pas été proposée, nous l'eussions provoquée nous-mêmes.

« La mesure n'attaque personne et donne à la société une garantie indispensable.

« Si ce fait n'eût donné lieu à aucune mesure, vous êtes à même de calculer les conséquences.

« Le ministère, par sa faiblesse, eût préparé, pour le pays, une ouverture à de nouvelles révolutions.

« Le pays ne doit pas retomber dans les révolutions, par la timidité des ministres.

« Si un tel devoir n'eût pas été rempli, nous n'avions d'autre excuse que de renoncer pour jamais à prendre la moindre part dans les affaires de notre pays.

« Le courage, le dévouement seul pouvaient me faire rester dans la position où je suis, et tant que les mêmes nécessités pèseront sur moi, je conseverai la place que je tiens de la bonté du Roi. » (*Etoile.*)

Est-ce assez d'assertions, d'allégations, d'affirmations, dont la conclusion, est sous-entendue : le ministre a sauvé la France.

Montons au Capitole ; à pareil jour j'ai sauvé la patrie, s'écriait aussi Scipion l'Africain. Mais au moins celui-là l'avait si bien sauvée, qu'il n'y avait pas eu à la sauver de rechef ; tandis que depuis cinq mortelles années, son Sosie ne fait que la sauver de jour en jour ; et après l'avoir sauvée hier, la sauve aujourd'hui, la sauvera demain.

Et de qui prétend-il sauver la patrie ? Du Roi, peut-être, en l'isolant de ses peuples ? Des peuples, peut-être, en les enlevant à leur Roi : de nos destinées même, dont la puissance heureusement indomptable déjoue et déjouera tant de mesures menaçantes.

Que de soins, que de peines le ministre prend

en vain ! Le salut de la France est pour lui comme
l'œuvre de Pénélope : d'autant que l'œuvre
avance sous les propices influences de la couronne, elle se défile sous les ténébreuses menées
du cabinet. Pourquoi ne se repose-t-il pas enfin?
Pourquoi, abandonnant une tâche trop ingrate, ne
se résout-il pas à sauver la patrie, de lui-même;

POST-SCRIPTUM.

18 MAI.

Les scènes les plus désolantes se renouvellent chaque jour. Il fallait prévenir, il faut réprimer. Que force reste à la loi !

Le pouvoir a divorcé avec l'opinion. La police des idées est passée sous le sceptre des journaux : les journaux doivent être poursuivis, punis. Qu'on traduise en justice ceux qui agitent les esprits : les tribunaux sont prêts à suspendre, à supprimer, pour peu que la liberté d'établir des feuilles nouvelles leur garantisse que la voix publique ne sera pas réduite au silence.

Le pouvoir est seul contre tous, n'ayant pour auxiliaires que des espions, des gendarmes. L'emploi de ces forces est délicat, les moyens d'ordre sont sujets à tourner en moyens de trouble. Si des gendarmes ont été postés à l'ouverture des cours, si des espions se sont introduits dans les salles, on excitait, on provoquait ainsi.

Mais comment l'opinion se débat-elle dans les rues ? C'est qu'elle a été attaquée, violée en ses foyers légitimes. Le coup électrique se propage des hautes régions jusqu'à la surface du sol.

Il y a un droit moral que doit respecter le droit légal ; il y a des règles d'usage que ne doit pas enfreindre la loi du caprice.

Jamais un candidat présenté pour la seconde fois, à une immense majorité, par les deux premiers corps savans, n'avait été repoussé de la chaire.

Encore, pour imprimer à une telle mesure le caractère de la légalité, il a fallu supposer que le ministre de l'instruction publique remplaçait de plein droit les inspecteurs-généraux des études. (*Journal de Paris*, 18 mai.)

Et c'est toujours à la charge, à la ruine de la religion, que retombe le contre-coup des mesures. Les cris ont parlé. On fait haïr la religion.

Pour tenir le gouvernail, il faut avoir l'œil juste, puis la main forte : l'un et l'autre manquent.

FIN.

A. PIHAN DELAFOREST,

Imprimeur de M. le Dauphin et de la Cour de Cassation, rue des Noyers, n° 37.